LA DERNIÈRE Y RESTERA

Jean-Claude SUSSFELD

Editions ART ET COMEDIE
2, rue des Tanneries
75013 PARIS

NOTE DE L'AUTEUR

Habitué aux écritures formatées de la télévision et aux réalités économiques du cinéma, je me suis tourné vers le théâtre pour retrouver une totale liberté de création. Imaginer un univers qui m'est personnel, sans obligation de réalisme, mélanger les genres à ma guise, surprendre par la folie, cueillir par l'émotion, partir dans des rêves…

J.-C. S.

PERSONNAGES : Sissi

Odette

Barbara

Sœur Marie-Rose

Sœur Marie-Reine

ACTE 1

Nous sommes au rez-de-chaussée d'un refuge isolé dans la montagne. A côté de la réception, le salon.
Partout aux murs, des trophées de chasse. La cheminée et les étagères sont encombrées de belettes, renards, écureuils et autres animaux naturalisés.
A une table du salon, deux religieuses portant le voile jouent aux cartes. Ce sont sœur Marie-Rose et sœur Marie-Reine.
Une jeune fille d'une vingtaine d'années, Sissi, joue avec une balle. Elle la lance contre le mur et la rattrape en chantonnant.

Sissi - « Passe passe passera, la dernière la dernière.

Passe passe passera, la dernière y restera.

Qu'est-ce qu'elle a donc fait la p'tite hirondelle ?

Elle nous a volé trois p'tits sacs de blé… »

Près de la cheminée, de dos, une très vieille femme dans une chaise roulante fixe le feu, un plaid sur les jambes.
Tandis que dehors la neige tombe à gros flocons, une femme, en blouse, sort de la cuisine. Elle a une cinquantaine d'années et l'énergie d'une fille de la campagne. C'est Odette, la tenancière des lieux. Elle entre dans le salon.

ODETTE - Ça ne vous dérange pas, mes sœurs, si j'allume la radio ? C'est pour la météo.

SŒUR MARIE-ROSE - Non, non, au contraire, je vous en prie.

SŒUR MARIE-REINE - D'autant que mère Bénédicte doit commencer à s'inquiéter…

Odette tourne le bouton d'un vieux poste de radio.

VOIX RADIO - … Les manifestants se sont dispersés dans le calme. A Sallanches, le directeur de l'hôpital a bien confirmé la disparition d'une malade mentale. La femme, âgée d'une quarantaine d'années, se serait échappée, pendant la nuit, des services psychiatriques où elle était en observation. La gendarmerie continue ses recherches, hélas ! très handicapées par le mauvais temps. La météo n'est d'ailleurs pas optimiste, aucune amélioration n'est à attendre avant vingt-quatre heures… Résultats des courses, dans la…

Odette éteint la radio.

SŒUR MARIE-ROSE - Faut pas s'inquiéter. Si ça se trouve, il fera beau dans deux heures.

ODETTE - Oui, ben, en attendant, je vais quand même aller rentrer du bois.

Elle sort vers la cuisine. Les religieuses reprennent leur jeu de cartes, Sissi lance sa balle contre le mur et la rattrape des deux mains. Elle continue de chantonner en jouant avec sa balle.

SISSI - « Passe passe passera, la dernière la dernière.
Passe passe passera, la dernière y restera… »

La porte d'entrée s'ouvre, provoquant un courant d'air. Une femme d'une quarantaine d'années, couverte de neige, emmitouflée dans un gros anorak, fait irruption dans l'hôtel.

C'est Barbara. Elle porte un sac de voyage et tient, coincé à son oreille, un téléphone cellulaire. Elle referme la porte tout en continuant sa conversation téléphonique.

BARBARA - … Mais je me fous de la presse, c'est pas eux qui font l'audimat que je sache ! Rappelle-toi « La jeune fille en tutu rose », on avait fait combien de part de marché ?… Bon ben alors ! De toute façon, si on n'a pas une meilleure audience la semaine prochaine, moi je fais sauter l'émission… Il le sait, je le lui ai dit ! Bon, tu demandes à Simon de m'appeler… Oui, ben donne-le-lui ! Bon, à tout à l'heure. *(Elle raccroche et met son téléphone dans son sac. Puis elle appelle.)* Y'a quelqu'un ?

SŒUR MARIE-REINE *(du salon, en criant)* - Oui… Dans le salon !

Barbara se dirige vers le salon.

BARBARA - Bonjour…

Seules les sœurs relèvent la tête de leurs cartes et, ensemble, la saluent, puis se remettent à jouer.

LES SŒURS - Bonjour madame…

BARBARA - Pardon… Je cherche une chambre pour la nuit… *(Dans le salon, personne ne fait plus attention à elle.)* L'une d'entre vous s'occupe de l'hôtel ?

Derrière elle, Odette paraît.

ODETTE - Oui, c'est pour quoi ?

BARBARA - Ah, bonjour. Je suis bloquée par la neige, là. Il vous reste peut-être une chambre ? Juste pour la nuit.

ODETTE - Juste pour la nuit, juste pour la nuit… c'est vous qui le dites ! Vous pouvez monter vos affaires, c'est à l'étage.

BARBARA - Quel numéro de chambre ?

ODETTE *(riant)* - La double zéro ! Vous ne pouvez pas vous tromper, c'est juste la porte en face, sur le palier. *(Elle la regarde monter et l'imite.)* « C'est quel numéro de chambre ? » Non mais elle se croit où celle-là !

Barbara réapparaît à la balustrade de l'étage.

BARBARA - Pardon madame, mais cette chambre est déjà occupée.

ODETTE - C'est pas une chambre, c'est un dortoir, madame ! Et ici c'est pas un hôtel, c'est un refuge ! Vous pouvez vous installer, il y a de la place.

Barbara retourne vers le dortoir. Odette passe dans le salon et, tout en parlant, astique quelques objets au passage.

ODETTE - Vous allez avoir de la compagnie, mes sœurs !

SŒUR MARIE-ROSE - Finalement, votre maison c'est un peu l'auberge du Bon Dieu : vous récupérez les âmes en perdition…

ODETTE - Et avec cette neige qui continue de tomber, ça sera peut-être pas la dernière !… Tous les ans c'est pareil !

SŒUR MARIE-REINE - C'est le piège des saints de glace !

ODETTE - Eh oui ! On risque de se retrouver en espadrilles dans la neige sans comprendre ce qui arrive !

SŒUR MARIE-REINE - Qui sait, des gens seraient peut-être morts sans votre refuge ?

ODETTE - Dame ! oui, c'est sûr. Les promeneurs sont souvent imprudents dans le coin.

SŒUR MARIE-ROSE - Imprudents et inconscients ! Nous en sommes les exemples vivants.

Sœur Marie-Reine - Mais quelle imprudence avons-nous commise, sœur Marie-Rose ? Nous ne pouvions pas prévoir !

Sœur Marie-Reine - C'est vrai, tout a été tellement soudain ! En moins d'une demi-heure, la neige a tout recouvert et, sans vous, nous étions bel et bien perdues !

Barbara fait son apparition dans le salon.

Barbara - Alors, vous aussi, vous êtes rescapées de la tempête ?… Pardon, bonjour mes sœurs, je me présente : Barbara Couder. *(Elle serre la main des deux religieuses.)*

Sœur Marie-Reine - Bonjour, sœur Marie-Reine…

Sœur Marie-Rose - Sœur Marie-Rose, enchantée…

Barbara - Nous partageons la même chambre, je crois ? *(Les sœurs acquiescent d'un sourire.)* A la guerre comme à la guerre ! *(Elle se retourne vers la vieille qui regarde le feu depuis sa chaise roulante.)* Bonjour madame !

Odette - Elle vous répondra pas, elle est sourde. Et elle n'aime pas qu'on lui parle. Pas vrai, grand-mère ?

Sissi s'est approchée de la « nouvelle » comme un petit animal craintif. Très vite, on s'aperçoit qu'elle a le comportement d'une enfant.

Sissi *(tendant sa main fièrement)* - Bonjour, moi je m'appelle Sissi.

Barbara - Bonjour, mademoiselle…

Odette - Laisse la dame tranquille, tu veux, Sissi.

Sissi obéit et va se cacher derrière un fauteuil.

Barbara - Mais elle ne me dérange pas du tout…

ODETTE *(baissant la voix)* - C'est ma fille. Elle est un peu… *(Elle fait un discret geste de la main à hauteur de la tête.)* Vous voyez ce que je veux dire.

Sissi se dresse de derrière son fauteuil, fort mécontente.

SISSI *(hurlant)* - C'est pas vrai ! Je suis pas brindezingue ! Je suis pas brindezingue ! Je comprends tout tout tout ! *(Boudeuse, elle s'assoit par terre.)*

ODETTE - Calme-toi, Sissi, je te prie ! Personne n'a dit que tu étais brindezingue !

SISSI - Je t'ai bien vu faire avec ta main, va ! Je sais bien ce que ça veut dire.

BARBARA - Je suis très heureuse de vous connaître mademoiselle Sissi. Je m'appelle Barbara.

SISSI *(inquiète, à Odette)* - Pourquoi elle me dit pas « tu », la dame ?

ODETTE *(à Barbara)* - Faut la tutoyer, sinon elle croit que vous êtes fâchée.

On entend une sonnerie électronique. Barbara fouille dans son sac, en retire son téléphone portable et répond à l'appel.

BARBARA - Allô !… Ah ! c'est toi !… Oui, ça va, enfin ça pourrait aller mieux. Je suis bloquée par une tempête de neige en haut du col de la Chamoise… Non, dans un refuge… Très drôle… J'espère pouvoir repartir demain matin… Quoi ? Seulement !… Ah, d'accord ! Superman a tout raflé, j'en étais sûre !… Attends, contre Superman, y'a que Peter Pan qui fasse le poids ! Je l'ai toujours dit, tu le sais bien. Et on l'avait, on l'avait ! C'est vraiment trop con ! Et qu'est-ce que dit Lambert ?… Oui, bien sûr, n'hésite pas, dès que tu as les détails rappelle-moi… Et préviens Anne-Sophie que je suis bloquée… Oui, à tout à l'heure.

Barbara raccroche et s'aperçoit que les religieuses, Odette et Sissi la regardent avec étonnement. Un temps de silence.

SŒUR MARIE-REINE - Alors, comme ça, Superman vous a mis la pâtée ?

BARBARA - Oui… Je le savais, c'est pas une surprise.

Sissi se redresse, pleine d'admiration.

SISSI - Tu connais Superman et Peter Pan ?

BARBARA *(souriant)* - Oui, je travaille avec eux, entre autres.

Odette la regarde, soupçonneuse.

SISSI - Je comprends pas comment quelqu'un qui travaille avec Superman et Peter Pan peut se perdre dans la neige…

ODETTE - Oui, eh ben, je retourne à mes fourneaux parce que moi j'ai pas Cendrillon pour m'aider et c'est bien dommage, voyez !

Odette disparaît dans la cuisine. Sœur Marie-Rose bat les cartes, Barbara s'assoit dans un fauteuil, Sissi s'assied par terre sous le nez de Barbara.

SŒUR MARIE-ROSE - Vous jouez aux cartes ?

BARBARA - J'en ai hélas rarement le temps, mais j'aime bien.

SŒUR MARIE-REINE - Le poker, vous connaissez ?

BARBARA *(amusée et surprise)* - Ah ! parce que vous jouez au poker ?

Sœur Marie-Reine - Oui. Cela semble vous étonner…

Barbara - Ce n'est pas vraiment un jeu de bonnes sœurs !

Sissi - Moi je sais y jouer !

Barbara - Ce n'est pas non plus un jeu de petites filles.

Sissi - Sissi est plus une petite fille !

Sœur Marie-Rose - Et puis, d'un autre côté, il vaut mieux être quatre pour le poker…

Sœur Marie-Reine - Nous jouons un peu d'argent pour intéresser la partie, tu crois que ta maman sera d'accord ?

Barbara - Et en plus vous jouez de l'argent ! Mais vous êtes vraiment des religieuses ou…

Sœur Marie-Rose - Oui, rassurez-vous, nous ne revenons pas d'un bal costumé. Nous sommes simplement des religieuses qui aimons jouer aux cartes, voilà tout.

Barbara - Mais, heu… jouer de l'argent n'est pas considéré comme un péché ?

Sœur Marie-Reine - Nous avons toutes nos petits péchés. L'important est d'en être conscientes.

Sœur Marie-Rose - Nous ne sommes que des êtres humains, avec leurs faiblesses, leurs tentations, même si nous essayons d'être au plus près de ce que nous a enseigné notre seigneur Jésus-Christ.

Sissi - Pour les sous, j'ai des billets à moi dans ma chambre, je vais les chercher !

Sissi part en courant dans l'escalier.

Barbara - Vous allez vraiment jouer au poker avec elle ?

Sœur Marie-Reine - Oui, nous avons d'ailleurs commencé à lui apprendre, elle comprend très bien.

Sœur Marie-Rose - Et très vite !

Barbara - Eh bien, ma foi, pourquoi pas ! Après tout, la soirée risque d'être longue. Mais, je dois dire, c'est bien la première fois que je vais jouer au poker avec deux religieuses et une simplette ! Je vais me faire des couilles en or ! *(Les sœurs sursautent.)* Pardon mes sœurs.

Sœur Marie-Rose - Nous faisons la mise à un euro !

Odette revient de la cuisine.

Odette - On passe à table vers sept heures, mesdames. J'ai fait du cassoulet. Par ce temps, c'est ce qu'il faut !

Elle sort une couette d'un placard et la met dans les bras de Barbara.

Odette - Tenez, vous feriez bien d'aller mettre ça sur votre paillasse.

Barbara *(légèrement décontenancée)* - Ah… Eh bien, j'y vais alors…

Odette - C'est ça, allez-y !

Barbara monte à l'étage chargée de sa couette. Odette la suit du regard, et, sitôt qu'elle a disparu, se retourne vers les religieuses.

Odette - Dites ! Vous avez entendu à la radio qu'y disaient qu'une folle s'est échappée…

Sœur Marie-Rose - Oui. Ils l'ont retrouvée ?

ODETTE - Ça risque pas. *(Elle fait un geste du pouce montrant l'escalier que vient d'emprunter Barbara.)* Voyez ce que je veux dire ?

SŒUR MARIE-ROSE - Vous croyez que… ?

ODETTE - Ben, dame ! ça crève les yeux ! Elle est complètement timbrée !

SŒUR MARIE-REINE - Mais qu'est-ce qu'on peut faire ?

ODETTE - J'en sais rien, moi… Et le téléphone qu'est en dérangement ! Oh ! Jésus Marie Joseph ! Qu'est-ce qui nous arrive ?

SŒUR MARIE-ROSE - N'appelez pas notre sainte famille à tout bout de champ, cela ne sert à rien, sœur Marie-Reine ! Et gardez votre calme !

ODETTE - Et dire que vous allez dormir avec elle…

SŒUR MARIE-REINE - Par prudence évitons de la contrarier et tout devrait bien se passer.

SŒUR MARIE-ROSE - Mais j'y pense… elle a un téléphone, elle !

ODETTE - Vous croyez que c'est un vrai ?

SŒUR MARIE-ROSE - Bien sûr, voyons, on l'a appelée. Il a sonné devant nous.

ODETTE - C'est ça, c'est ça ! Et comme par hasard, il a sonné à peine une minute après qu'elle soye descendue ! Je sais peut-être pas comment ça marche ces machins-là, mais si y'a bien un truc dont je suis sûre, c'est qu'elle peut pas travailler avec Superman ! Ça vous me l'enlèverez pas de la tête !

SŒUR MARIE-REINE - Nous sommes bien d'accord sur ce point, je pense qu'il n'y a pas de doute.

ODETTE - N'empêche que si c'est un vrai téléphone, on pourrait appeler la gendarmerie.

SŒUR MARIE-ROSE - Il faudrait arriver à le lui subtiliser sans qu'elle s'en aperçoive.

SŒUR MARIE-REINE - Si cette pauvre femme a perdu la tête, elle doit avoir besoin d'aide. Vous avez raison, sœur Marie-Rose, il faut essayer de la secourir.

ODETTE - Je lui mettrai une bonne dose de somnifères dans son infusion, tout à l'heure, comme ça on sera tranquilles.

Sissi redescend de sa chambre, une poignée de pièces et de billets entre les mains, et dépose le tout sur la table devant laquelle les sœurs se sont installées.

ODETTE - Eh bien, dis donc Sissi, qu'est-ce que c'est que tout ça ?

SISSI - C'est mes sous, les sous à Sissi. C'est pour le jeu.

SŒUR MARIE-ROSE - Oui, visiblement Sissi s'intéresse aux cartes, il faut l'encourager.

ODETTE - Et l'argent, c'est pour quoi faire ?

SŒUR MARIE-REINE - Nous jouons des petites sommes pour donner du sel à la partie.

ODETTE - Non, non, non ! Il n'en est pas question. Remonte-moi c't' argent dans ta chambre !

SISSI - C'est mes sous ! J'en fais ce que je veux !

ODETTE - Sissi, tu ne discutes pas ! Tu remontes immédia-tement cet argent dans ta chambre !

Sœur Marie-Rose - Ne vous inquiétez donc pas, nous jouons juste des petites sommes…

Sœur Marie-Reine - Et puis nous ne serons pas trop méchantes avec elle, nous n'avons pas envie qu'elle perde toutes ses petites économies.

Sœur Marie-Rose - Et allez savoir, elle va peut-être se retrouver avec le double ou le triple de ce qu'elle a ! Je suis certaine que si elle gagne elle fera un joli cadeau à sa maman. Hein, Sissi ?

Sissi - Oui, mais seulement si je gagne tout plein d'argent comme ça ! *(Elle montre avec ses bras.)*

Odette - Et si tu perds tout, petite malheureuse ? T'auras plus que tes yeux pour pleurer !

Sissi - Sissi elle veut pas perdre, elle veut gagner !

Odette - Eh bien, je sens que vous allez vous amuser avec elle…

Sœur Marie-Rose - Bah ! c'est histoire de s'occuper… *(Elle regarde vers la fenêtre.)* Ça tombe toujours autant dehors, hein !

Odette - Et c'est quoi votre jeu, là ?

Sœur Marie-Reine - Le poker. Vous savez peut-être y jouer ?

Odette - Non, je ne joue jamais avec les cartes. Mais je vous regarderai, ça je dis pas.

Sœur Marie-Reine - Faudra rien dire alors !

Odette - Mais dites, j'y pense… vous allez jouer aussi avec l'autre, là ?

Sœur Marie-Rose - Oui, c'est plus drôle à quatre.

Odette - Vous n'y pensez pas ! Si elle perd, elle risque de devenir mauvaise !

Barbara redescend l'escalier, son téléphone portable à l'oreille. Elle termine sa conversation en prenant place dans le salon sous les regards sidérés des autres femmes.

Barbara - … Mais non, ça serait ridicule de l'assassiner dans la baignoire, voyons, c'est beaucoup trop sanglant ! J'en ai déjà parlé mille fois avec lui ! C'est pas le grand Guignol tout de même… Ah bon ? Eh bien, tu lui diras qu'il n'en est pas question ! Tu lui donnes le choix : ou il la tue proprement et pas comme un sauvage, on est chez des gens civilisés, j'aimerais qu'il s'en souvienne… Je ne sais pas, moi, empoisonnement, pendaison à la rigueur… Pardon ?… Ecoute, c'est à lui de trouver, hein, il est payé pour ça… Et dis-lui bien que s'il n'est pas d'accord, c'est pas un problème, je fais appel à quelqu'un d'autre. Bon, sinon Napoléon comment ça se passe ?… Trois jours de retard ?… Je m'en fous, j'annule la deuxième campagne d'Italie ! Mais non, je ne plaisante pas, on passera directement au couronnement et puis voilà !… Oui… Tu peux lui dire. Bon, je t'embrasse. A demain… Ben oui, j'espère !… Oui, de toute façon à demain ! *(Elle raccroche. Silence gêné des autres qui la regardent à la dérobée. Elle ne s'est aperçu de rien. Elle jette un œil vers l'extérieur où il continue de neiger.)* Ben, dites donc, ça ne s'arrange pas, hein ! On doit être complètement isolées maintenant…

Les autres la dévisagent sans oser lui répondre. Sissi brise le silence.

Sissi - C'est à cause des nichons glacés !

Barbara - Pardon ?

Sissi - La neige… dehors… c'est à cause des nichons glacés…

Barbara ne comprend pas et lance un regard interrogateur vers les autres.

Sœur Marie-Reine - Elle veut sans doute parler des saints de glace…

Barbara - Ah, les… Oui, oui, d'accord… Oui, bien sûr, c'est à cause de ça ! *(A Odette.)* Vous n'avez pas la télé, je suppose ?

Odette - Heu… non… elle… elle est cassée… Mais si vous voulez, demain on peut essayer de la réparer…

Barbara - Oh, pitié, non ! Vous ne pouvez pas savoir le bonheur extrême que vous me faites lorsque vous me dites qu'il n'y a pas de télévision ! Tenez, j'ai envie de vous embrasser… *(Odette, sur ses gardes, se laisse malgré tout embrasser comme du bon pain.)* Vous, mes sœurs, vous ne pouvez pas vous rendre compte, vous êtes sur une autre planète…

Sœur Marie-Rose - L'important n'est pas d'où nous venons, mais vers où nous allons…

Barbara - Si au moins je le savais !

Sœur Marie-Reine - Celui qui ne sait où il va ne peut s'apercevoir qu'il fait fausse route…

Barbara - Moi, ma sœur, je crois que dans la vie, il faut avancer sans trop se poser de questions, sinon on risque de se faire doubler.

Sœur Marie-Rose - Nous avons toutes fait fausse route un jour ou l'autre. L'important n'est pas de se tromper mais de s'apercevoir que l'on se trompe.

ODETTE - Avant qu'il soye trop tard…

BARBARA - Là, je suis bien d'accord avec vous ! C'est toujours ce que je dis : il faut oser ! Oser ! Surprendre ! Ne pas avoir peur de choquer ! Les gens étouffent dans leur train-train quotidien ! Il faut les bousculer ! Violer leurs rêves ! Leur en mettre plein la gueule ! Des coups de poing dans l'estomac ! Mais pour ça, il faut avoir un minimum de courage…

Silence consterné.

SŒUR MARIE-REINE - La vie a dû être très dure pour vous, ma pauvre petite…

SŒUR MARIE-ROSE - Vous avez beaucoup souffert étant enfant ?

BARBARA - Pourquoi dites-vous ça ? Il n'est pas nécessaire d'avoir été pauvre et maltraité pour avoir de l'ambition.

ODETTE - Dites, vous l'avez trouvé où votre téléphone, là ?

BARBARA - Vous voulez vous en acheter un ?

ODETTE - Non, non, je ne sais pas… Non, je…

BARBARA - Remarquez, vous avez raison : pour vous, ici, ce serait pratique.

ODETTE - Heu… il est à vous ?

BARBARA - Oui, pourquoi ? Vous voulez appeler quelqu'un ?

ODETTE - Non, non, non… je disais ça comme ça…

SISSI - Alors ? C'est quand qu'on joue avec les sous ?

BARBARA - Ah ! mais c'est vrai ! On avait parlé d'un poker.

ODETTE - Heu… après le souper peut-être ?

Sissi - Non ! Moi je veux jouer tout de suite !

Odette - Toi, on t'a rien demandé !

Barbara - Mais, elle sait jouer, vraiment ?

Sœur Marie-Rose - Elle se débrouille…

Barbara - J'aime autant vous prévenir : je suis très mauvaise joueuse !

Sœur Marie-Reine - Ah…

Barbara - Oui, je n'y peux rien, c'est dans mon caractère. J'ai toujours eu horreur de perdre. Vous jouez souvent, vous ?

Sœur Marie-Reine - Nous essayons de réfréner notre passion commune, mais nous avons souvent l'occasion de jouer, effectivement… En cachette.

Sœur Marie-Rose - Que voulez-vous, au couvent, les soirées sont longues. Les Pater Noster ne suffisent pas à les remplir…

Barbara - C'est là-bas que vous avez appris ?

Sœur Marie-Reine - Bien sûr que non ! Nous n'avons pas porté le voile toute notre vie, figurez-vous.

Barbara - C'est vrai, on a toujours du mal à s'imaginer qu'avant, vous étiez normales… Enfin, je veux dire…

Sœur Marie-Rose - Non, non, mais vous avez raison. Nous le savons bien, c'est le costume qui fait ça…

Sœur Marie-Reine - C'est comme pour un général…

Sissi - Ou un clown ?

Odette - Sissi ! Je t'en prie !

SŒUR MARIE-REINE - Elle a raison, c'est pareil

SŒUR MARIE-ROSE - Enfin, pas tout à fait tout de même…

SISSI - Moi, je préfère les clowns.

SŒUR MARIE-REINE *(à Barbara)* **-** Et vous jouez quel style de poker ?

BARBARA - Je ne sais pas. Pourquoi, il y en a plusieurs ?

SŒUR MARIE-REINE - Vous avez le poker fermé, le studd, le menteur, l'irlandais…

BARBARA - Mais c'est pas possible, vous êtes née dans un tripot !

SŒUR MARIE-REINE - Ça se voit tant que ça ?

BARBARA - Pas du tout, pas du tout, ce n'est pas ce que je voulais dire.

SŒUR MARIE-REINE - N'ayez crainte, deviner mes origines n'est pas me faire injure… Je n'en ai aucune honte.

BARBARA - J'espère bien…

SŒUR MARIE-REINE - Il est vrai que les cartes, le tapis, les annonces… ce sont mes petites madeleines.

SŒUR MARIE-ROSE - Ses parents tenaient une guinguette à Champigny, c'est pour ça.

SŒUR MARIE-REINE - Tous les soirs, c'était la belote, l'écarté, le poker et les chansons. Un drôle d'univers pour une petite fille, non ? Vous voyez, j'aurais dû finir tenancière de bar à vin mais j'ai mal tourné !

ODETTE - Dites pas ça, vaut quand même mieux être bonne sœur !

Barbara - Mais vous avez été élevée dans la religion catholique ou…

Sœur Marie-Reine - Vous plaisantez ! Mes parents étaient communistes ! Mais je vous ennuie avec mes histoires…

Barbara - Non, pas du tout, c'est passionnant. J'ai si rarement l'occasion de parler avec des gens « vrais », si vous saviez…

Sœur Marie-Reine - Non… Je n'aime pas parler de moi.

Sissi - C'est quoi des gens vrais ?

Odette - Sissi, n'embête pas la dame avec tes questions !

Sissi - Et des gens faux, c'est quoi ? Moi je suis un gens vrai ou un gens faux ?

Barbara - T'es un gens vrai !

Odette - Oui, ça, plus vrai que nature, même !

Barbara - Les gens faux, ce sont ceux qui font semblant. Semblant d'aimer, semblant de savoir, semblant de comprendre… Toi, Sissi, tu n'as pas dû en rencontrer souvent dans ta vie, mais moi, j'en connais beaucoup.

Sissi - C'est des méchants ?

Barbara - Pas aussi méchants que moi… tu peux me faire confiance ! Alors, on la fait cette partie ?

Odette - C'est trop tard, on va bientôt souper ! Sissi, va ranger Mémé et mets le couvert !

Odette quitte la scène pour se rendre à la cuisine. Sissi prend le fauteuil à roulettes, le fait pivoter et, en imitant le bruit d'un moteur, sort à son tour en poussant brutalement la grand-mère qui n'a pas esquissé le moindre geste. Sœur Marie-Rose se lève à son tour.

SŒUR MARIE-ROSE - Ah! alors si nous allons passer à table, je vais monter me laver les mains! A tout de suite…

Sœur Marie-Reine se lève à son tour.

SŒUR MARIE-REINE - Oui, à tout de suite…

Les deux religieuses croisent Sissi qui revient.

SŒUR MARIE-ROSE - Ce n'est pas grave Sissi. Nous jouerons tout à l'heure, hein?

Elles montent l'escalier et disparaissent à l'étage. Sissi contemple un moment Barbara en silence.

SISSI - Alors, toi aussi, t'es brindezingue?

BARBARA - Oui, ça tu l'as dit…

SISSI - Toi aussi, on t'enferme dans le noir si t'es pas gentille?

BARBARA - Y'en a beaucoup qui aimeraient me mettre au placard, effectivement. Mais je ne suis pas du genre à me laisser faire.

SISSI - Moi, je mords.

BARBARA - Moi aussi…

SISSI - On pourra jouer ensemble alors, si t'es comme moi… Tu les vois, toi, les gens qui sont invisibles?

BARBARA - Je ne sais pas… Peut-être. De qui veux-tu parler?

SISSI - De ceux qui sont dans ma tête…

Barbara - Non, ceux-là je ne dois pas les connaître.

Sissi - Ils viennent quand je suis toute seule.

Barbara - Ils sont gentils ?

Sissi - Pas toujours. Tu sais, j'en ai parlé à personne encore.

Barbara - Pourquoi tu me le dis à moi ?

Sissi - Parce que t'es brindezingue, comme moi…

Barbara - Tu sais, Sissi, tous les gens ont des petits bonshommes qui leurs trottent dans la tête. Même ceux qui ne sont pas brindezingue, comme tu dis.

Sissi - Ma mère, elle doit pas en avoir. A cause qu'elle a le don.

Barbara - Le don ? Quel don ?

Sissi - Elle parle avec les esprits, et puis aussi elle sait enlever le soleil dans la tête, et puis elle sait dire ce qui va arriver…

Barbara - Ta maman, là ?! Elle connaît tout ça ?

Sissi - Oui… Même qu'elle dit que c'est parce qu'elle est comme ça, que moi, je suis brindezingue.

Barbara - Arrête de répéter sans arrêt que t'es brindezingue !

Sissi - C'est parce qu'ils m'ont appelée comme ça depuis que je suis toute petite… brindezingue… brindezingue… brindezingue…

Barbara - Faut pas t'en faire, ce sont des jaloux. Alors forcément, ils sont méchants avec toi.

Sissi - Ils sont jaloux de quoi ?

Barbara - Tu possèdes quelque chose que beaucoup ont perdu…

Sissi - C'est quoi ?

Odette revient dans le salon, portant un plateau.

Odette - Et alors Sissi ! La table !

Sissi se lève comme une fillette prise en faute et commence à mettre la table.

Barbara - C'est ma faute… Nous avons eu une grande discussion Sissi et moi. Je vais vous aider.

Barbara se lève pour aider Sissi à dresser la table.

Odette - Non, non, c'est pas la peine…

Barbara - Mais si, vous ne pouvez pas savoir comme cette ambiance simple et familiale me fait du bien. J'ai l'impression que je n'ai plus mis la table depuis une éternité…

Odette - Asseyez-vous où vous voulez, j'apporte les hors-d'œuvre. *(Elle repart vers la cuisine et, au passage, crie vers l'étage.)* A table, mes sœurs !…

Les deux religieuses descendent à l'appel.

Sœur Marie-Rose - Voilà, voilà, nous arrivons…

Sœur Marie-Reine - Hmm ! dites-moi, mais ça sent très bon !

Sœur Marie-Rose *(à Barbara)* - Excusez-nous…

Barbara - Je vous en prie…

Odette revient de la cuisine avec les hors-d'œuvre et les boissons qu'elle dispose sur la table. Avant qu'elle n'ait le temps de s'asseoir, les deux religieuses se lèvent. Barbara comprend un peu tard, puis se lève à son tour. Odette tire Sissi par la manche pour la faire lever.

Sœur Marie-Rose et Sœur Marie-Reine - Notre Père qui est aux cieux…

Toutes - … Que ton nom soit sanctifié, que ton règne vienne, que ta volonté soit faite sur la terre comme au ciel. Donne-nous aujourd'hui notre pain de ce jour, pardonne-nous nos offenses comme nous pardonnons aussi à ceux qui nous ont offensé… Ne nous soumets pas à la tentation mais délivre-nous du mal. Amen…

NOIR

ACTE 2

Il fait nuit. Dehors, la neige tombe toujours à gros flocons. Autour de la table, Barbara, sœur Marie-Rose, sœur Marie-Reine et Sissi jouent aux cartes. Odette les regarde. A en croire le tas de jetons qu'elle a devant elle, c'est Sissi qui gagne. Visiblement, Barbara lutte contre le sommeil.

SŒUR MARIE-ROSE - Sans moi… Décidément, les anges m'ont abandonnée…

Sœur Marie-Reine pousse quelques jetons au centre. Barbara en fait autant.

SŒUR MARIE-REINE - Trente…

BARBARA - Trente plus quinze…

Sissi pousse tous ses jetons au centre.

SISSI - Tout…

ODETTE - Mais non ! Ne fais pas ça, voyons !

Sissi s'apprête à reprendre ses pions mais la main de sœur Marie-Reine l'en empêche.

SŒUR MARIE-REINE - Trop tard, c'est joué !

ODETTE - Mais elle est pas obligée de mettre tout…

SŒUR MARIE-REINE - C'est joué ! Trop tard ! Tapis, c'est tapis ! Je suis.

Elle pousse tous ses jetons au centre et rajoute deux billets pour être à la hauteur. Barbara jette ses cartes.

BARBARA - Bon, je me couche… *(Elle bâille.)* Je crois que je ne vais pas tarder à y aller pour de bon.

Ravie, sœur Marie-Reine sourit. Elle a visiblement un beau jeu. Elle se tourne vers Sissi.

SŒUR MARIE-REINE - Alors, Sissi, qu'est-ce que tu as ?

Sissi abat ses cartes.

SISSI - Deux paires…

Sœur Marie-Reine retourne ses cartes.

SŒUR MARIE-REINE - Couleur !

Elle ramasse tous les jetons ; Sissi n'en n'a plus aucun devant elle.

ODETTE - Vous n'allez pas faire ça !

SŒUR MARIE-REINE - Pardon ?

ODETTE - Vous n'allez tout de même pas lui prendre tous ses sous ?

SŒUR MARIE-REINE - Mais je ne lui ai rien pris… Elle a joué et elle a perdu, c'est tout. N'oubliez pas : dette de jeu, dette d'honneur !

SISSI - J'ai plus de sous du tout, alors ?

Sœur Marie-Reine - Non, ma chérie. Tu en as beaucoup gagné pendant la partie et puis là, tu as tout perdu d'un seul coup. C'est le jeu. Tu sais, ça aurait pu m'arriver à moi, ou à Marie-Rose, ou à madame…

Sissi se cache le visage pour pleurer. Barbara a fini par s'endormir.

Odette - Regardez, ça y est, elle dort…

Sœur Marie-Rose se penche sur Barbara pour vérifier qu'elle s'est bien endormie.

Sœur Marie-Rose - Madame ?… Madame ?… *(Aux autres.)* C'est bon.

Aussitôt, Odette va fouiller dans le sac de Barbara et en sort le téléphone portable. Elle le manipule, compose un numéro sous le regard des religieuses. Sissi en profite pour ramener le tas de jetons vers elle. Odette porte le combiné à son oreille.

Odette - Ça marche pas…

Sœur Marie-Reine le lui prend des mains.

Sœur Marie-Reine - Faites voir…

Elle manipule le téléphone à son tour, écoute.

Sœur Marie-Reine - Non, y'a même pas de tonalité, c'est sûrement un jouet.

Odette - Quand je vous disais qu'on avait affaire à une dingue !

Le téléphone passe entre les mains de sœur Marie-Rose et celles de Sissi.

Sœur Marie-Rose - Franchement, c'est bien imité, on dirait un vrai…

ODETTE - Dites, si on en profitait pour la ligoter pendant qu'elle dort ?

SŒUR MARIE-REINE - Vous croyez ?

ODETTE - On serait plus tranquilles. Vous l'avez entendu délirer ? Elle est capable de n'importe quoi !

SŒUR MARIE-REINE - Elle ne s'est jamais montrée véritablement agressive…

ODETTE - Qui vous dit qu'elle cache pas son jeu ? Peut-être bien qu'elle attend qu'on soye toutes endormies pour nous saigner à blanc, mes sœurs ! Ça s'est déjà vu dans le journal des horreurs pareilles !

SISSI - Elle est gentille, moi je l'aime bien, et je veux pas que tu l'attaches.

ODETTE - Toi, on t'a rien demandé. Allez, file te coucher… Et ferme ta porte à clé !

> *Sissi ne se le fait pas dire deux fois : elle reprend tout son argent dans une vieille boîte à biscuits et monte vers sa chambre.*

SŒUR MARIE-ROSE - D'un autre côté, elle risque de mal le prendre si elle se réveille ligotée…

ODETTE - Et alors ! Je vais vous la saucissonner, vous allez voir ça ! Elle pourra plus bouger.

SŒUR MARIE-REINE - Non, vous ne devez pas agir de la sorte.

ODETTE - Mais sinon je vais jamais arriver à m'endormir, hein !… Savoir que je peux me faire égorger comme une truie… Brrr, j'en ai la chair de poule !

Sœur Marie-Reine - Enfermez-vous.

Odette - Ça serait quand même plus raisonnable de l'attacher.

Sœur Marie-Rose - Et si elle n'est pas celle que vous croyez ? Vous vous rendez compte ? De quoi vous auriez l'air ?

Odette - Bon ben alors vous… vous avez qu'à monter la garde !

Sœur Marie-Rose - Après tout pourquoi pas ! Je vais me mettre là, dans le fauteuil, je serai très bien.

Odette - Voilà, c'est ça et je vous donne une bonne couverture, comme ça vous aurez pas froid… *(Joignant le geste à la parole, elle sort un duvet de l'armoire.)*

Sœur Marie-Reine - Essayez de ne pas vous endormir, tout de même…

Sœur Marie-Rose - Vous me connaissez !

Sœur Marie-Reine - Justement !

Odette - Eh bien… bonne nuit alors…

Odette et sœur Marie-Reine se dirigent vers l'escalier.

Sœur Marie-Reine - Que Dieu vous garde, sœur Marie-Rose.

Odette s'arrête à mi-étage.

Odette - Vous devriez prendre le tisonnier à portée de la main, on sait jamais…

Sœur Marie-Rose - Ne vous inquiétez pas, tout ira bien. Bonne nuit.

Sœur Marie-Rose reste seule devant Barbara qui dort toujours profondément. Elle retire sa robe. Elle porte, dessous, une sorte de longue chemise de jour, blanche, très stricte.
Elle commence à s'installer dans le fauteuil pour y passer la nuit, puis se relève, va éteindre les lumières mais décide finalement d'en laisser une allumée. Elle vérifie que Barbara dorme bien à poings fermés puis va de nouveau se lover dans le fauteuil. Elle se tourne, se retourne, à la recherche d'une position confortable qu'elle n'arrive visiblement pas à trouver. Elle se relève et commence à effectuer quelques mouvements d'assouplissements. Soudain, elle s'élance à travers la pièce et fait une double roue parfaitement exécutée, derrière laquelle elle enchaîne une série de saltos acrobatiques des plus perfectionnés. Elle s'assied ensuite à terre, passe, dans un contorsionnement d'une grande souplesse, ses deux pieds derrière sa tête et se met à marcher sur les mains. C'est le moment que choisit Barbara pour ouvrir les yeux. Sœur Marie-Rose ne s'en est pas aperçue et arpente le tapis sur la paume des mains. On dirait un petit monstre échappé d'un tableau de Jérôme Bosch. Barbara se redresse doucement, se frotte les yeux pour s'assurer qu'elle ne rêve pas.

BARBARA - Ça doit être la tisane…

SŒUR MARIE-ROSE - Je vous ai réveillée ?

BARBARA - Non, pas du tout, je suis certainement encore en train de dormir…

Sœur Marie-Rose reprend une position normale.

SŒUR MARIE-ROSE - Excusez-moi mais comme je n'arrivais pas à trouver le sommeil, j'en ai profité pour faire quelques exercices… Ça détend…

BARBARA - Ah ben oui, ça oui… Mais qu'est-ce qu'on fait là ?

Sœur Marie-Rose - Vous vous êtes endormie et moi je suis restée pour veiller sur vous.

Barbara - En jouant les crapauds sur la moquette ?

Sœur Marie-Rose *(riant)* - Je comprends votre étonnement.

Barbara - Vous me rassurez !

Sœur Marie-Rose - Ce n'est pas sous prétexte qu'on est dans les ordres qu'il faut négliger son corps, vous comprenez ?

Barbara - Mais parfaitement, parfaitement ma sœur, comme on dit : un esprit sain dans un corps sain, n'est-ce pas ?

Sœur Marie-Rose - Exactement !

Barbara - N'empêche que, pour une bonne sœur, vous êtes particulièrement souple !

Sœur Marie-Rose - C'est pour ne pas perdre cet acquis que je m'entraîne régulièrement.

Barbara - Vous me donnez une idée, tiens ! On devrait organiser un grand jeu, style « Intervilles », entre les différentes congrégations religieuses, je suis certaine que ça aurait beaucoup de succès !

Sœur Marie-Rose - Vous croyez ?

Barbara - Rendez-vous compte de l'impact médiatique ! Très efficace pour votre image, vous pouvez me croire.

Sœur Marie-Rose - Je crains que nous n'ayons pas, dans nos couvents ou monastères, suffisamment de volontaires pour concourir…

Barbara - Pourquoi ? Vous par exemple, vous…

Sœur Marie-Rose - Moi c'est différent, je suis une enfant de la balle…

Barbara - Ah… vous êtes la fille d'un prêtre ?

Sœur Marie-Rose - Non. Je suis née dans un cirque !

Barbara - Ah, d'accord ! Mais bien sûr ! Je raconte n'importe quoi, je suis complètement folle, vraiment !

Sœur Marie-Rose - Je suis une petite Médrona…

Barbara - Mais pas du tout, vous êtes parfaitement normale !

Sœur Marie-Rose - J'espère bien ! Le cirque Médrona, vous ne vous rappelez pas ?

Barbara - Mais si, tout à fait ! Oui, oui, oui…

Sœur Marie-Rose - Eh bien, c'est moi… Enfin, c'était ma famille. Au début, papa montrait les ours et les fauves, maman c'était les éléphants et les singes. Et moi, j'ai grandi entourée de grosses peluches vivantes.

Barbara - Quelle chance ! Je crois que c'est le rêve de tous les enfants !

Sœur Marie-Rose - Mes rêves à moi, que je savais pourtant inaccessibles, c'était d'avoir une vraie maison et d'aller tous les jours dans la même école pour pouvoir me faire de vraies amies.

Barbara - Vous n'étiez pas heureuse ?

Sœur Marie-Rose - Le soir, j'étais heureuse et le matin j'étais triste.

Barbara - Jamais le contraire ?

Sœur Marie-Rose - Non, jamais. Le soir, pendant le spectacle, avec mon costume à paillettes, j'étais fière de faire partie du cirque. Les enfants dans le public me regardaient avec admiration et envie. Et puis le matin, quand je sortais de la caravane en peignoir pour aller dans la boue, avec mon seau, chercher l'eau au robinet du campement, je les voyais passer avec leur cartable sur le dos, courant vers l'école en se faisant des blagues. Et c'était mon tour de les regarder avec envie et admiration…

Barbara - Vous aussi vous aviez un numéro ?

Sœur Marie-Rose - J'ai tout fait. J'ai été le nain de Mario et Fifi, les clowns… J'ai été dans la valise magique et j'ai fait de la corde à sauter sur le dos de Sirius, le cheval blanc. J'avais beaucoup de succès. Et puis la crise est arrivée. Mon père a commencé par se séparer des éléphants et des autruches. Petit à petit, les autres animaux ont suivi. Mes parents ont fini par se reconvertir dans le trapèze volant. Et moi avec.

Barbara - Ça doit être très impressionnant ! Je ne pourrais jamais, j'ai le vertige.

Sœur Marie-Rose - Au cirque, on n'a pas le droit d'avoir le vertige… Le numéro s'appelait « Les anges volants ».

Barbara - Un nom qui vous était prédestiné…

Sœur Marie-Rose - Il est vrai que c'est à cause de ce numéro que j'ai décidé de prendre le voile.

Barbara - Vous vous sentiez plus près du ciel ?

Sœur Marie-Rose - Mes parents sont morts sous mes yeux. Tous les deux en même temps. J'avais quinze ans. Après leur accident le filet est devenu obligatoire…

BARBARA - Mais qu'est-ce qui s'est passé ? Comment c'est arrivé ?

SŒUR MARIE-ROSE - Pendant une représentation, mon père s'est élancé sur son trapèze tête en bas. Moi j'étais en face, avec ma mère, à douze mètres du sol. Maman s'est jetée dans le vide, à son tour, elle a fait un lâché, une double pirouette et c'est là que mon père devait la rattraper. Il l'a ratée… A deux centimètres près… Il a essayé de la sauver malgré tout, il a allongé le bras… C'est ce geste de désespoir qui l'a fait tomber à son tour… De là où j'étais, je les ai vu s'écraser au milieu de la piste, comme dans une piscine vide…

> *Sissi est apparue pendant le récit de sœur Marie-Rose. Vêtue d'une longue chemise de nuit blanche, elle a descendu l'escalier et, sans rien dire, attentive, est venue s'asseoir à côté de Barbara.*

BARBARA - Quelle horreur !… *(A Sissi.)* Mais qu'est-ce que tu fais là, toi ?

SISSI - Alors finalement, elle t'a pas attachée ?

BARBARA - Qui ça ?

SISSI - Maman… Finalement, elle t'a pas attachée ? C'est pour ça que je venais. Pour te libérer… J'avais peur qu'elle t'ait fait du mal pour de vrai…

BARBARA - Qu'est-ce que c'est que cette histoire ? Toi tu viens de faire un mauvais rêve !

SŒUR MARIE-ROSE - Non, la petite a raison. Sa mère a voulu vous attacher, mais nous nous y sommes opposées.

BARBARA - M'attacher ! Moi ! Mais pourquoi ?

Sissi - Maman a peur de toi. Elle dit que tu peux devenir mauvaise. Dangereuse même !

Barbara - Ça, si on m'attache, je risque de sortir mes griffes, effectivement !

Sœur Marie-Rose - C'est ce que nous avons pensé, c'est pourquoi nous n'étions pas d'accord.

Barbara - Je sais que j'ai la réputation de faire peur à pas mal de gens, mais là, j'aimerais qu'on m'explique !

Sœur Marie-Rose - Elle a peur de vous parce qu'elle… Comment dire… Elle pense que vous vous êtes échappée de l'hôpital de Sallanches…

Sissi - Tu sais, la folle…

Barbara - Mais quelle folle ? De qui voulez-vous parler ?

Sœur Marie-Rose - C'était à la radio, aux informations.

Barbara - Tiens donc ! Et qu'est-ce qui lui a fait croire que c'était moi ?

Sœur Marie-Rose - Les propos incohérents que vous tenez, les conversations téléphoniques que vous simulez, les menaces de mort que vous proférez…

Barbara *(se prenant la tête)* - Je rêve là ou quoi ?!

Sissi - T'en fais pas, moi j'ai pas peur de toi.

Sœur Marie-Rose - Nous non plus, nous n'avons pas peur de vous. Dieu est puissant…

Barbara - Mais de quels propos incohérents voulez-vous parler ? Franchement, est-ce que j'ai l'air d'une folle ?

Sœur Marie-Rose - Et moi, franchement, est-ce que j'ai l'air d'une religieuse ?

Sissi - Et moi, de quoi j'ai l'air ?

Barbara - Alors comme ça, elle a voulu m'attacher, la garce… *(Elle regarde vers les chambres.)* Vous croyez qu'elle dort ?

Sœur Marie-Rose - En tout cas elle s'est certainement enfermée à clé, elle avait tellement peur…

Barbara *(riant)* - Je vais lui montrer qu'elle a raison d'avoir peur…

Sœur Marie-Rose - Qu'est-ce que vous allez faire ?

Barbara - M'amuser !

Elle se lève et, plantée au milieu de la pièce, elle se met à crier en direction des chambres.

Barbara - Tremblez !… Tremblez braves gens… Je suis la folle de Sallanches ! (Elle laisse éclater un rire diabolique.)*

Sœur Marie-Reine et Odette surgissent ensemble de leurs chambres et paraissent dans l'escalier. Elles aussi sont en chemises de nuit blanches. Barbara les aperçoit.

Barbara *(tendant un doigt accusateur vers Odette)* - Vous, qui vous faites passer pour celle que vous n'êtes pas, descendez !

Sœur Marie-Reine - Sœur Marie-Rose, tout va bien ?

Sœur Marie-Rose - Ne vous inquiétez pas ma sœur, venez nous rejoindre…

Odette *(bas, à sœur Marie-Reine)* - Quand je vous disais qu'on aurait dû l'attacher…

BARBARA *(péremptoire)* - Vous qui trompez votre monde, venez vous expliquer !

ODETTE - Vous feriez mieux de laisser dormir la clientèle au lieu de faire tout ce raffut !

BARBARA - Alors comme ça, vous avez le don ?

ODETTE - Je vois pas en quoi ça peut vous…

BARBARA - Vous ne voyez pas ! C'est bien dommage pour une voyante, de ne pas voir !

ODETTE - Qui vous a dit que…

BARBARA - Vous pourriez le deviner. Décidément, vous ne voyez pas plus dans le passé que dans l'avenir !

ODETTE - Me provoquez pas.

BARBARA - Si, au contraire, je vous provoque ! Allez-y, tirez-moi les cartes. Vous allez peut-être enfin comprendre qui je suis.

ODETTE - J'ai bien peur de l'avoir compris…

BARBARA - Prenez ce jeu de cartes. Nous vous écoutons.

Odette prend le jeu et commence à battre les cartes.

SŒUR MARIE-REINE - Ce n'est franchement pas une heure pour…

BARBARA - Allez vous coucher, ma sœur. Nous essaierons de ne pas faire de bruit.

SŒUR MARIE-REINE - Ne croyez-vous pas que nous avons toutes besoin de dormir ? Nous y verrons certainement plus clair demain matin.

Sissi - Moi, j'ai pas sommeil !

Sœur Marie-Rose - Je dois avouer que moi non plus.

Odette - C'est à cause de la pleine lune.

Barbara - Une nuit de pleine lune, dans la montagne, au cœur d'une tempête de neige, ne croyez-vous pas que ce soit, au contraire, le moment propice pour exercer vos dons de sorcière ?

Sœur Marie-Reine - Il ne faut pas jouer avec ce genre de chose.

Odette - Si Dieu m'a donné certains pouvoirs, ma sœur, pourquoi ne pas m'en servir ?

Sœur Marie-Reine - Celui qui cherche à voir au-delà des nuages ne distingue pas le bout de ses chaussures.

Barbara - Joli ! C'est un proverbe chinois ?

Sœur Marie-Reine - La sagesse n'a pas de frontière.

Barbara - Allons, ma sœur, vous qui avez grandi dans un bar, vous ne me ferez pas croire qu'une diseuse de bonne aventure vous effraie !

Odette - Je n'ai rien d'une diseuse de bonne aventure ! *(Elle lui tend le paquet.)* Tenez, coupez trois fois de la main gauche…

Sœur Marie-Rose - Vous n'auriez pas une petite liqueur ?

Odette - Sissi, apporte la Bénédictine, s'il te plaît.

Sissi s'exécute.

Barbara *(à sœur Marie-Reine)* - Ne vous inquiétez pas, ce n'est qu'un numéro de cirque. Comme les pirouettes de sœur Marie-Rose !

ODETTE - Concentrez-vous !

BARBARA - Ah oui, pardon…

Odette pose une rangée de cartes sur la table.

ODETTE - Retournez-en une…

Barbara choisit une carte, Odette la regarde. Les sœurs assistent à la séance en sirotant leur Bénédictine.

ODETTE - Une autre…

Barbara lui désigne une autre carte.

ODETTE - Très bien… Je vous vois très entourée et très solitaire en même temps…

BARBARA - Comme ça, au moins, vous ne risquez pas de vous tromper !

ODETTE - Tirez-en une autre… Oui, très solitaire. Les gens ont peur de vous…

BARBARA - A juste titre. J'ai déjà coupé plusieurs têtes…

Très vite, les sœurs se signent.

ODETTE - Vous pensez visiblement être le centre du monde… Vous êtes détestée par votre entourage…

BARBARA - N'importe quoi ! Mes collaborateurs sont très fidèles.

ODETTE - Comme des chiens… Méfiez-vous, ils sont prêts à mordre. Tirez une autre carte… *(Elle regarde la carte.)* Décidément, vous vous prenez pour une reine…

BARBARA - Je suis consciente de mes responsabilités tout au plus…

ODETTE - Vous semblez atteinte d'une étrange maladie… Mais vous n'êtes pas la seule… Autour de vous, ils ont tous été contaminés…

BARBARA - Une maladie ?

ODETTE - Oui… Comme un ballon qui gonflerait à l'intérieur de votre esprit jusqu'à vous rendre sourde et aveugle…

BARBARA - Rassurez-vous, je n'ai aucun souci de ce côté-là.

ODETTE - La maladie se développe à votre insu. C'est pour cela qu'elle est dangereuse. Vous ne voyez plus rien et vous ne vous en rendez même pas compte.

BARBARA - Ce dont je me rends compte c'est que vous ne manquez pas d'imagination !

ODETTE - C'est pas moi, c'est les cartes qui parlent. Tirez-en une autre… Il y a un homme près de vous… Vous êtes liés par des secrets…

BARBARA - Oui, avec plusieurs même… Beaulieu, Simonet, Martin… Il y a effectivement entre nous pas mal de cadavres dans les placards…

Les sœurs se signent prestement une nouvelle fois.

ODETTE - L'un d'eux est plus puissant que les autres…

BARBARA - Simonet.

ODETTE - Méfiez-vous de lui.

BARBARA - Merci, je ne vous ai pas attendue.

ODETTE - Il est comme vous… sans aucune morale… seul compte le pouvoir…

Barbara - Ça aussi je le sais, c'est sans doute ce qui nous rapproche. Nous nous comprenons à demi-mot.

Odette - Alors, vous me croyez maintenant ?

Barbara - Vous faites dans les généralités, c'est trop facile.

Sœur Marie-Rose - Je m'excuse d'intervenir, mais cette histoire de maladie n'est tout de même pas une généralité !

Barbara - Une maladie qui se développe sans aucun symptôme n'est pas une maladie bien dangereuse !

Odette - Je n'ai pas dit qu'il n'y avait pas de symptômes. Il y en a, mais vous ne vous en rendez pas compte !

Barbara - Lesquels sont-ils ?

Odette - Depuis combien de temps vous avez pas pleuré ?

Barbara - Pleurer ne sert à rien.

Odette - Mais vous êtes une femme. Une femme qui ne pleure pas régulièrement se dessèche. C'est ce qui vous arrive…

Barbara - Admettons. D'autres symptômes, docteur ?

Odette - Quels sont vos rêves ?

Barbara - Je ne m'en souviens jamais.

Odette - Peut-être que vous en avez plus…

Barbara - Tout le monde rêve, c'est bien connu.

Odette - Allez savoir… C'est peut-être ce qu'on raconte pour éviter les suicides.

Barbara - Les suicides ?

Odette - Eh oui !… Dame ! comment continuer à vivre si on sait qu'on n'a plus de rêves ?

Barbara - N'ayez crainte, je ne pense pas que vos révélations vont me pousser au suicide. Et côté cœur, vous voyez quoi ?

Odette - Ah ! vous commencez à vous intéresser !

Sœur Marie-Reine - Nous ferions mieux d'aller nous coucher, sœur Marie-Rose.

Barbara - Allons, mes sœurs, vous n'êtes pas jésuites, que je sache !

Odette - De toute façon, au risque de vous décevoir, c'est le désert complet ! Rien à signaler !

Barbara - Bon, allez, ça suffit. Vous nous avez amusées un moment, ça commence à devenir un peu lourd.

Odette - Comme vous voudrez.

Odette range les cartes. Sœur Marie-Reine se lève et va s'asseoir devant le piano droit.

Barbara - Maintenant, je vais vous faire un aveu : je ne suis pas folle et je ne me suis pas évadée de l'hôpital de Sallanches… J'espère ne pas trop vous décevoir.

Sœur Marie-Reine, au piano, se met brusquement à jouer le début d'une polka.

Sœur Marie-Reine - « Da la la la la la la… Da la la la la lère… » *(Elle se retourne, ravie, vers les autres.)* Je ne sais pas si c'est la Bénédictine, mais j'en avais une furieuse envie !

Barbara - Bravo ! Décidément, mes sœurs, vous avez tous les talents ! Vous feriez un sacré duo. Ça ne vous a jamais tenté ? Je vois ça d'ici : « Les sœurs Bastringue » ! Réfléchissez et rappelez-vous le triomphe de sœur Sourire !

Sissi - C'est joli, « sœur Sourire ». C'est qui ?

Barbara - Tu es trop jeune pour l'avoir connue. Elle chantait… *(Elle se met à chanter.)* « Dominique, nique, nique… »

> *Les sœurs et Odette chantent avec Barbara la suite de la célèbre chanson.*

Les quatre femmes - « … S'en allait tout simplement Pauvre et chantant… »

Sissi - Moi aussi, je sais chanter !

Odette - N'ennuie pas ces dames, veux-tu, Sissi !

Barbara - Mais non, pourquoi lui dites-vous ça ? Vas-y ma chérie, nous t'écoutons.

> *Sissi se tient bien droite devant les autres. Elle lisse sa robe et se met à chanter d'une voix à la fois douce et cristalline.*

Sissi - « Que j'aime
Le sourire si discret
D'une jeune demoiselle
Amusant à voler
Peut-être lui offrir en guise d'amitié
Un verre de vinho verde
Que vienne
La rumeur indiscrète
Fluide comme une hirondelle
L'instant de son arrivée
Peut-être s'offrir en guise de baiser
Un verre de vinho verde
Si même
Les jardins anglais

Ont roussi au soleil
Trop brûlant cet été
Peut-être nous offrir un petit peu givré
Un verre de vinho verde
Si elle
Est de tous les effets
Fille de tous les secrets
Joliment insensée
Peut-être m'offrir en guise de péché
Un verre de vinho verde
Et même si je dois m'enivrer
A ma guise me noyer
Dans le vinho verde… »

Barbara et les sœurs applaudissent Sissi.

BARBARA - Bravo ! Mais qu'est-ce que c'est que cette chanson ? Je ne la connaissais pas.

SISSI - C'est mon papa qui la chantait quand j'étais petite. C'est lui qui l'a écrite.

ODETTE - Le vinho verde c'est à cause qu'il était portugais.

SŒUR MARIE-ROSE - C'est très joli, vraiment !

BARBARA - Et il en a écrit beaucoup ?

ODETTE - Oh oui, alors ! Plein de cahiers.

BARBARA - Et vous êtes… heu… séparés ?

ODETTE - Oui, il est décédé dans un accident de chasse.

BARBARA - Il aimait la chasse ?

ODETTE - C'était pour son travail : il était taxidermiste.

BARBARA - Taxidermiste !

ODETTE - Ben oui, quoi ? Et alors ! Ça a l'air de vous dégoûter !

BARBARA - Vous rendez-vous compte, mes sœurs, de la complexité de la race humaine ? Poète et empailleur à la fois ! C'est antinomique, non ? Voilà un homme qui passait ses journées à tuer et à écorcher des animaux. En ouvrant les ventres de ces petites bêtes, les mains pleines de sang, il inventait, pour sa petite fille, des chansons aussi belles que celle-ci…

SŒUR MARIE-ROSE - Et en même temps, il est mort par où il a péché !

SŒUR MARIE-REINE - Comme si les animaux de la forêt avaient cherché à se venger de leur bourreau.

ODETTE - Dites donc ! Joao-Paulo n'était pas un bourreau ! Il allait à la messe tous les dimanches !

SŒUR MARIE-ROSE - C'est ça ! Les mains apparemment propres et le sang caillé des animaux sous les ongles, il recevait l'hostie rédemptrice…

SŒUR MARIE-REINE - Le Seigneur n'est que justice et miséricorde…

BARBARA - Comment diable peut-on devenir taxidermiste ?!

ODETTE - Par amour des bêtes !

BARBARA - Voilà un amour bien sanglant ! Vous auriez tout aussi bien pu me répondre par amour de la mort !

ODETTE - Certainement pas ! Vous ne comprenez rien à rien, vous, les gens des villes ! *(Elle prend un écureuil empaillé sur la cheminée.)* Regardez, c'est pas du travail d'artiste, ça ?

L'écureuil passe de main en main.

Sissi - Celui-là, c'est moi qui l'ai fait.

Barbara - Ah ! parce que toi aussi…

Odette - Pensez ! On a souvent mis la main à la pâte, hein, ma Sissi ! Alors forcément, on a finit par apprendre…

Sœur Marie-Reine *(regardant l'écureuil)* - C'est troublant… On dirait qu'il vit encore…

Odette - Ce travail-là, c'est une bagarre contre la mort si vous voulez savoir !

Sœur Marie-Rose - Bagarre bien vaine, malheureuse !

Odette - Ben moi, je dis que mon Joao-Paulo il était aussi artiste dans son travail que dans ses chansons et que ça n'a rien « d'antimonique » comme vous dites.

Sissi - Lui aussi, il a voulu se faire empailler !

Odette - Tais-toi, Sissi !

Barbara - Attendez, attendez… Qu'est-ce que tu viens de dire, là ?

Odette - Rien, elle invente. Vous savez, pour elle, le rêve, la réalité, y'a pas de différence, hein…

Sissi - C'est pas vrai ! T'es qu'une menteuse ! Une sale menteuse !

Sissi se prend aussitôt un aller et retour par Odette.

Odette - On dit pas « menteuse » à sa mère !

Barbara - Je vous en prie ! Vous n'avez pas à lever la main sur elle, je vous l'interdit !

ODETTE - Elle me l'interdit ! Non mais, c'est pas vrai ! Pour qui elle se prend celle-là ? Voilà-t'y pas qu'elle me donne des ordres maintenant ! Occupez-vous de vos fesses, elles en ont besoin !

Sissi quitte la salle en pleurnichant.

BARBARA - Dites donc, vous ne savez pas à qui vous parlez ! On n'a pas gardé les cochons ensemble que je sache !

ODETTE - Si vous êtes pas contente, c'est le même prix ! On vous retient pas. La porte est grande ouverte.

SŒUR MARIE-ROSE - Je vous en prie, c'est la fatigue qui vous énerve ! La colère est mauvaise conseillère, vous devriez vous calmer…

SŒUR MARIE-REINE *(joignant les mains)* - Prions le Seigneur pour toutes les horreurs auxquelles nous venons d'assister…

Sissi revient en poussant l'aïeule sur sa chaise roulante. Pour la première fois, on voit la vieille femme de face.

SISSI - Même que Mémé, c'est mon papa qui l'a empaillée !…

NOIR

ACTE 3

Il fait grand jour. Dehors, la neige continue de tomber. Odette prépare la table du petit déjeuner. Barbara est visiblement la première à s'être levée.

BARBARA - Alors, vous me croyez maintenant ?

ODETTE - Je m'excuse, hein… mais… à vous entendre délirer dans votre jouet, là, moi j'ai cru que vous aviez plus votre tête, voilà tout.

BARBARA - De quel jouet voulez-vous parler ?

ODETTE - Votre faux téléphone, là…

BARBARA - Ce n'est pas un faux, c'est un cellulaire.

ODETTE - Ah ! ben alors, si c'est un cellulaire… Non, parce que voyez, hier soir, pendant que vous dormiez on a voulu le faire marcher. Ben bernique, hein ! Rien du tout. C'est pour ça, on a cru que vous faisiez semblant…

BARBARA - Vous n'aviez aucune chance, j'ai un code.

ODETTE - Ah bon ? Ça marche avec un code ces machins-là ?

BARBARA - Vous allez voir, je vais vous montrer. *(Elle fouille dans son sac et ne trouve rien.)* Je ne comprends pas… Qu'est-ce que vous en avez fait ?

ODETTE - Quoi ? De quoi donc ?

BARBARA - Mon cellulaire, qu'est-ce que vous en avez fait ?

ODETTE - J' sais plus, moi. Pourquoi, on vous l'a pas remis à sa place ?

Barbara retourne son sac dans tous les sens : rien. Elle commence à devenir de plus en plus nerveuse.

BARBARA - Mais c'est pas possible… C'est trop grave… De quel droit vous êtes-vous permis de fouiller dans mes affaires ? Où l'avez-vous mis ?

Odette se met à chercher dans la pièce. Barbara en fait autant.

ODETTE - Y peut pas être loin. On va le retrouver…

BARBARA - J'y compte bien, figurez-vous. Si ça se trouve, ça fait une heure qu'ils essaient de m'appeler, au bureau… Je dois être joignable à toute heure, vous comprenez ça ? Vous comprenez ?

ODETTE - Ben… heu…

BARBARA - Oui, bien sûr, ça vous dépasse. *(Elle commence à se gratter.)* Ça y est ! C'est mon herpès qui recommence ! Je ne supporte pas de ne pas l'avoir a portée de main, ça me donne des angoisses.

ODETTE - Ben dites donc… Faut pas vous faire de mauvais sang, je vous dis qu'on va vous le retrouver votre machin !

BARBARA - Avec votre inconscience, vous êtes en train d'immobiliser la plus grande chaîne de télévision du pays !

ODETTE - C'est peut-être pas un mal, pour ce qu'on y voit comme bêtises…

BARBARA - Allons, allons, ne me dites pas que vous n'aimez pas « Les jeux du danger » ou « Question de savoir », je ne vous croirais pas. Nous faisons le plus gros audimat sur votre tranche d'âge…

ODETTE - Franchement, j'allume la télé parce que ça me fait de la compagnie mais j'en profite pour faire mon ménage ou ma vaisselle en même temps. *(Elle soulève le couvercle de la soupière et trouve le téléphone.)* Ça y est ! Je le tiens. Il était dans la soupière.

BARBARA - Dans la soupière ? Qu'est-ce qu'il faisait dans la soupière ?

ODETTE - C'est un coup de Sissi. Une de ses cachettes préférées.

Barbara se saisit avidement du téléphone et, comme une droguée accro, compose fébrilement un numéro.

BARBARA - Allô ! Agnès… *(Elle soupire d'aise et va s'asseoir sur le canapé, visiblement rassurée.)* Ah ! ce que ça fait du bien de t'entendre !… Non, je te raconterai… Non, non, ne t'inquiète pas, je ne suis pas toute seule… Comment dire, tu sais la fameuse crémière de la Creuse ?… Eh bien, d'une certaine manière, je l'ai rencontrée… Non, sans blague… Oui, oui, très riche d'enseignement. Bon, enfin tout va bien, maintenant tu peux me joindre, je garde le phone a portée de main… A tout à l'heure. *(Elle raccroche.)*

ODETTE - C'est moi la crémière de la Creuse ?

BARBARA - Ah ! vous m'écoutiez ? Non, c'est… Comment vous dire… A Paris, parfois, on est un peu décalé dans nos jugements par rapport au reste de la France. Alors souvent on se demande si telle idée ou tel concept peut intéresser la crémière de la Creuse. C'est une figure emblématique en quelque sorte.

ODETTE - Et vous trouvez que j'ai une gueule de figure emblématique ?

BARBARA - Vous représentez une tranche précise de la population.

ODETTE - La reine des connes, quoi !

Barbara préfère allumer la radio plutôt que d'entendre ça.

VOIX RADIO - … Par ailleurs, l'information est encore à prendre au conditionnel, on parle maintenant non pas d'une mais de deux malades qui se seraient échappées de l'hôpital de Sallanches. Nous attendons dans les minutes qui viennent la confirmation de cette nouvelle. Les services de gendarmerie poursuivent leurs recherches vers le massif de la Beaume, toujours très handicapés par la forte dépression qui traverse actuellement notre région. Fort heureusement la météo permet d'espérer une amélioration sensible de la situation dans l'après-midi…

Odette éteint la radio.

ODETTE - Vous avez entendu ? Elles sont deux !

BARBARA - Oui…

ODETTE - Vous savez à quoi je pense ?

BARBARA - Sans doute à la même chose que moi…

ODETTE - Vous avouerez que pour des religieuses, elles sont pas très catholiques !

BARBARA - Personnellement, depuis que je les ai vues, je me pose des questions. Certaines de leurs réactions sont en totale contradiction avec leur engagement religieux.

ODETTE - Y'a qu'à voir la façon dont elles ont réagi devant la Mémé !

BARBARA - Oui, enfin là, vous admettrez tout de même qu'elles avaient quelques raisons d'être choquées.

ODETTE - Un sacrilège que j'aurais fait ! Ben moi je suis peut-être pas une servante de Dieu, comme c'est qu'elles disent, mais je sais bien ce que c'est que la religion tout de même !

BARBARA - Il est normal qu'elles aient été choquées...

ODETTE - Moi, je dis que c'est pas la peine de nous rabâcher que notre âme elle monte au ciel, quand c'est qu'on est mort, pour s'entendre dire après qu'on a pas le droit de garder l'enveloppe ! Et pis que c'est aussi sacré que le reste !

BARBARA - Ce n'est pas exactement ce qu'elles ont dit.

ODETTE - Oui, ben moi, ce que j'en dis c'est que c'est pas leurs oignons, toutes bonnes sœurs qu'elles sont !

BARBARA - En ce qui me concerne, je ne vous juge pas sur un plan moral. Ce qui me sidère c'est que vous ayez pu supporter de voir votre propre mère empaillée comme une belette...

ODETTE - C'est qu'à la fin de sa vie, elle était devenue complètement sourde la pauvre et elle causait quasiment plus, alors... Son décès, ça n'a pas changé grand-chose, voyez... J'ai pu continuer à lui parler comme avant. Comme si qu'elle était pas morte.

BARBARA - Vous m'excuserez, mais je continue à trouver ce... système... extrêmement morbide.

ODETTE - Faut que vous sachiez que chez nous, on n'a jamais eu d'appareil photo alors c'est pour ça aussi…

BARBARA - Ça n'a rien à voir.

ODETTE - Oh, que si ! Moi, telle que vous me voyez, personne ne m'a jamais prise en photo, figurez-vous. Jamais ! Ne me demandez pas pourquoi, c'est comme ça.

BARBARA - Quelle importance ?

ODETTE - Vous ne voyez pas ?

BARBARA - Non, franchement…

ODETTE - Je me souviens plus du museau que j'avais lorsque j'étais gamine. Et personne ne pourra jamais me le dire… Croyez-moi, c'est presque plus pire que de pas avoir de rêves…

BARBARA - Et, à votre avis, comment faisaient les gens avant l'invention de la photographie ?

ODETTE - J'en sais rien mais ce que je sais, c'est que si on a voulu garder maman, c'est pour pas oublier la tête qu'elle avait.

BARBARA - Alors là, vraiment, vous auriez pu acheter un appareil photo, ça aurait été plus simple que de l'empailler, vous ne croyez pas ?

ODETTE - Chacun voit midi à sa porte, pas vrai ? Et puis Joao-Paulo travaillait si bien… Vous-même, vous vous y êtes laissée prendre, comme tout le monde d'ailleurs.

BARBARA - Effectivement, de dos… je ne dis pas, c'est très réaliste.

ODETTE - C'était un secret. Sissi aurait jamais dû en parler.

BARBARA - Elle ne l'a pas fait méchamment, vous le savez bien.

ODETTE - Peut-être, mais voyez, maintenant que vous savez que ma mère est morte, pour moi, c'est comme si qu'elle était encore plus morte qu'avant.

BARBARA - Je comprends.

ODETTE - Dites, j'y pense… Vous pourriez peut-être appeler la gendarmerie avec votre téléphone machin ?

BARBARA - Oui, ce n'est pas une mauvaise idée. Vous avez le numéro ?

ODETTE - Attendez… Qu'est-ce que vous allez leur dire ?

BARBARA - Je vais déjà m'assurer que ce sont bien elles. Ils doivent avoir leur signalement…

A cet instant, les deux religieuses font leur apparition. Elles portent leurs sacs de randonnée. Barbara referme son portable précipitamment.

SŒUR MARIE-ROSE - Que notre Seigneur bénisse cette journée qui commence.

BARBARA - Bonjour, mes sœurs…

SŒUR MARIE-REINE - Alléluia, la lumière a chassé les ténèbres !… Regardez, le ciel s'est éclairci.

Effectivement, dehors, il ne neige presque plus, le soleil commence à poindre.

ODETTE - Ah oui, tiens… *(Elle crie vers l'escalier.)* Sissi ! Viens manger ! *(Elle se tourne vers les sœurs.)* Nous allons passer à table, mes sœurs. Vous prendrez du thé ou du café ?

Sœur Marie-Reine - Thé ou café, peu importe…

Odette va dans la cuisine.

Sœur Marie-Rose - Nous devrions pouvoir redescendre, qu'est-ce que vous en pensez ?

Barbara - J'espère bien. Vous êtes en voiture ?

Sœur Marie-Reine - Hélas ! non, nous sommes montées avec le car.

Barbara - Si vous allez sur Sallanches, je peux vous rapprocher.

Sœur Marie-Rose - C'est très gentil à vous, avec plaisir…

Sissi descend l'escalier et se met à table sans dire un mot. Elle semble bouder.

Sœur Marie-Reine - Eh bien, mademoiselle Sissi, on ne dit plus bonjour ?

Sissi ne répond pas.

Barbara - Alors, Sissi, qu'est-ce qui se passe ?

Sissi - Vous allez partir, hein ?

Barbara - C'est pour ça que tu es triste ?

Sissi hoche la tête pour dire « oui ».

Sœur Marie-Rose - Quel amour !

Odette revient avec le café et le lait.

Odette - A table !

Toutes prennent place autour de la longue table de ferme. Barbara s'est assise la première et se relève quand elle voit que les sœurs s'apprêtent à prier. Elles joignent les mains.

Sœur Marie-Rose - Seigneur, bénissez le repas que nous allons prendre… Amen.

Après avoir fait le signe de croix, tout le monde se rassoit.

Sœur Marie-Reine - Figurez-vous que votre petite Sissi est triste de nous voir partir…

Sissi - Non, c'est pas vrai !

Sœur Marie-Rose - C'est pourtant bien ce que tu disais tout à l'heure.

Sissi - Pas vous ! *(Elle montre Barbara.)* Elle.

Barbara - Pardonnez-la, mes sœurs, l'innocence ne porte pas de masque. C'est parfois douloureux.

Sœur Marie-Rose - Elle a le droit d'avoir ses préférences.

Sœur Marie-Reine - C'est peut-être à cause d'hier soir. *(A Sissi.)* Tu ne me pardonnes pas d'avoir voulu te prendre ton argent, c'est ça ? *(Sissi ne répond pas.)* Qui ne dit mot, consent ! Tu croyais que j'avais oublié, hein ? Eh bien, tu vois, je n'ai pas oublié mais, rassure-toi, je n'ai nullement l'intention de te dépouiller de tes économies.

Barbara - C'est vraiment trop gentil de votre part…

Sœur Marie-Reine - N'est-ce pas ? Mais il faut que cette expérience lui serve de leçon. *(Elle se tourne vers Sissi.)* Tu ne dois jamais faire confiance à personne, Sissi, il faut que tu le comprennes. Surtout toi.

Sissi - Pourquoi surtout moi ?

Sœur Marie-Reine - Parce que avec ton physique et ce que tu as dans la tête, tu es une proie facile. Il faut que tu le saches. Ne donne ta confiance à personne et surtout pas à des inconnus. Oui, je sais, je sais, tu t'es dit : « Ce sont des religieuses, elles ne peuvent pas me faire de mal… » Eh bien, détrompe-toi, l'habit ne fait pas le moine !

BARBARA - Vous voulez dire que ce n'est pas parce que vous portez le voile que vous êtes forcément des religieuses ?

SŒUR MARIE-REINE - Rien ne le prouve. Je dois reconnaître qu'il est rare de rencontrer de fausses bonnes sœurs mais… cela peut arriver. Sissi doit apprendre à se méfier. Elle est tellement innocente, la pauvre chérie…

ODETTE - Alors vous n'êtes pas…

SŒUR MARIE-ROSE - C'est vous qui n'y êtes pas ! Sœur Marie-Reine essaie simplement d'expliquer à Sissi qu'elle doit être sur ses gardes, c'est tout. Vous savez, en servant notre Seigneur, nous sommes souvent confrontées aux forces du mal…

BARBARA - Eh bien, tu vois, Sissi, tu n'as aucune raison de leur en vouloir.

SŒUR MARIE-REINE - D'autant que je tiens à souligner que je serais en droit d'exiger mon dû, mais je vous accorde que ce ne serait pas très charitable. Et puis, vois-tu, mon enfant, en refusant ton argent, je suis plus riche que si je le prenais ! Et tu sais pourquoi ? *(Sissi fait « non » de la tête.)* Parce que la richesse matérielle n'est rien à côté de celle du cœur.

SISSI *(à Barbara)* - Tu veux bien rester ?

BARBARA - Si au moins je le pouvais, crois-moi, ce serait avec plaisir.

SISSI - Quand on veut, on peut !

ODETTE - Sissi, n'insiste pas.

Barbara - Hélas ! il ne suffit pas de vouloir pour pouvoir, crois-moi.

Sissi - Même pas jusqu'à ce soir ?

Barbara - Non, c'est impossible… Et puis je dois accompagner les sœurs à Sallanches.

Sœur Marie-Rose - On dirait qu'elle s'est amourachée de vous !

Sœur Marie-Reine - Si vous pouvez rester une journée de plus, ne vous croyez pas obligée de nous accompagner…

Sœur Marie-Rose - Nous prendrons le car…

Barbara - Non, non, non, il n'en est pas question, voyons. Déjà que cet arrêt n'était pas prévu…

Odette - Justement, vous devriez en profiter pour respirer le bon air de la montagne quelques heures de plus…

Sissi - Alors, t'es d'accord ?

Barbara - Mais il n'en est pas question !… Je te promets que je reviendrai te dire bonjour dès que je pourrai.

Sissi - T'es méchante !

Odette - Maintenant, tu arrêtes !

Barbara - Laissez, laissez… Si tu veux, je t'enverrai une carte postale de la tour Eiffel, ça te ferait plaisir ?

Sissi - Je préférerais que tu restes… Mais je veux bien aussi la carte postale.

Barbara - Ah ! tu vois ! *(Elle se lève pour prendre de quoi noter dans son sac.)* A quel nom et à quelle adresse je dois l'envoyer ?

ODETTE - Mettez juste : « A l'Edelweiss » Col de la Charrière 74300. Ça arrivera…

BARBARA *(en notant)* - « A l'Edelweiss »… C'est charmant… Bien ! Mes sœurs, ce n'est pas pour vous presser, mais ne croyez-vous pas que nous devrions profiter de cette éclaircie ?

SŒUR MARIE-REINE - Vous avez tout à fait raison, ne perdons pas de temps.

Elles se lèvent de table et commencent à rassembler leurs affaires.

BARBARA *(à Odette)* - Vous acceptez les chèques ?

ODETTE - Pourquoi pas l'Américain Esspress pendant que vous y êtes ! Vous avez même pas vingt euros de liquide ?

BARBARA - Non, je suis désolée, je n'ai jamais de monnaie sur moi.

ODETTE - Ben dites donc, pour une directrice de la télé, si c'est pas malheureux de voir ça ! Et vous, mes sœurs, vous allez me payer avec la carte du Saint-Siège, peut-être ?

Sœur Marie-Reine sort de son sac d'excursion une grosse liasse de billets.

SŒUR MARIE-REINE - Non, non, nous sommes comme vous, nous ne connaissons que le véritable argent… *(A Barbara.)* Je vais payer pour vous, vous n'aurez qu'à me faire un chèque.

BARBARA - Vous êtes très aimable, merci beaucoup.

Sœur Marie-Reine paye Odette. Barbara remplit son chèque.

BARBARA - Je le fais à quel ordre ?

SŒUR MARIE-REINE - Laissez, je le remplirai. *(Elle prend le chèque que lui tend Barbara.)* Merci beaucoup.

*Les trois femmes commencent à se couvrir pour se préparer
à sortir.*

ODETTE - Ne manquez pas de revenir nous dire bonjour si
vous passez dans le coin. Ça nous ferait plaisir, les visites sont
trop rares…

SŒUR MARIE-ROSE - Je ne vous promets pas que nous
repasserons, mais je vous promets que nous prierons pour le
salut de votre âme… Et nous tâcherons d'oublier ce que nous
avons vu…

SŒUR MARIE-REINE - D'autant que, par ailleurs, nous avons
été très bien reçues.

SISSI - Alors on va encore être toutes seules ?

ODETTE - Excusez-la, hein, mais elle est toujours comme
ça quand les clients s'en vont. Elle aime pas les départs !

BARBARA - Elle est adorable, vous voulez dire ! Bon, eh
bien, au revoir.

*Elle prend son sac, passe son manteau et, accompagnée des
religieuses emmitouflées, se dirige vers la porte de sortie.*

SŒUR MARIE-ROSE - Que la paix soit avec vous… Et priez
le Seigneur…

SŒUR MARIE-REINE - Au revoir. Nous penserons à vous…

*Les trois femmes sortent. Sissi et Odette retournent vers la
salle principale.*

ODETTE - T'avais pas besoin d'insister comme ça. Qu'est-ce
qui t'a pris ?

SISSI - J'aurais bien voulu garder la dame. Elle était gentille.

Odette - Tu sais, avec son téléphone secret, là, je ne crois pas que ça aurait été très prudent…

Odette va allumer la radio et commence à débarrasser la table. La musique est interrompue par les informations régionales.

Voix radio - … Nous interrompons nos émissions par ce flash spécial car nous venons de recevoir des nouvelles réconfortantes de l'hôpital de Sallanches. Devant le nombre d'appels angoissés que nous recevons depuis hier, nous nous empressons de les communiquer à nos auditeurs :
Dès la fin de la tempête, les deux malades ont été retrouvées saines et sauves, à quelques centaines de mètres de l'hôpital, dans une cabane à outils où elles s'étaient réfugiées pour échapper au mauvais temps. Nous venons d'en avoir la confirmation. D'après le directeur de l'hôpital, que nous entendrons dans notre prochaine édition, les deux femmes, bien qu'affaiblies, sont en bonne santé…

Odette éteint la radio.

Odette - Ben, tu vois, finalement c'était pas la peine de s'inquiéter…

Sissi quitte la pièce. Odette commence à débarrasser la table. Quelques instants plus tard, Sissi revient. Elle pousse la chaise roulante sur laquelle est assis un autre personnage empaillé, un homme d'environ cinquante ans, aux allures distinguées.

Odette - Ah! tu as sorti le docteur Lefèbvre! Y'avait longtemps qu'on l'avait pas vu celui-là…

Sissi - Il va être bien devant la cheminée. Et puis je lui mettrai un journal dans les mains…

Elle place la chaise devant la cheminée. Elle sort à nouveau et revient en poussant une autre chaise roulante sur laquelle est assise une dame qu'elle pose à côté de l'homme. Odette, après avoir réuni les reliefs du repas sur un grand plateau, se dirige vers la cuisine.

ODETTE *(en quittant la pièce)* - Dis donc, tu vas pas nous sortir toute ta ménagerie !

Sissi va récupérer sa balle qu'elle lance contre le mur en chantonnant.

SISSI - Passe passe passera, la dernière la dernière.
Passe passe passera, la dernière y restera…

RIDEAU

AVIS IMPORTANT

Cette pièce de théâtre fait partie du répertoire de la Société des Auteurs et Compositeurs Dramatiques, 11 bis rue Ballu 75442 PARIS Cedex 09. Tél. : 01 40 23 44 44. Elle ne peut donc être jouée sans l'autorisation de cette société.

Nous conseillons d'en faire la demande avant de commencer les répétitions.

2e trimestre 2005
Première édition, dépôt légal : mai 2005
N° d'édition : 200530
ISBN : 2-84422-467-9